Published by Gunpowder Press
David Starkey, Editor
PO Box 60035
Santa Barbara, CA 93160-0035

Cover artwork based on photo by Rock Staar on Unsplash

ISBN-13: 978-1-957062-24-2

www.gunpowderpress.com

The Alta California Chapbook Prize is awarded annually for a collection
of poems and published in a bilingual edition by Gunpowder Press, part
of Gunpowder Poetry, a 501(c)(3) nonprofit literary organization.

Here, on this 76L
Aquí, en esta 76L

Poems | Poemas

Michelle Moncayo

Emma Trelles
Alta California Series Editor

Gunpowder Press • Santa Barbara
2025

I dedicate these poems to Darwin, Deyanira, Betty, Ramiro, Sandra, Raul, Abuelita, Mamina, and other immigrant families/communities living in New Jersey (and elsewhere). Our stories deserve to take up space.

Dedico estos poemas a Darwin, Deyanira, Betty, Ramiro, Sandra, Raul, Abuelita, Mamina y a todas las familias y comunidades inmigrantes que viven en Nueva Jersey (y en otros lugares). Nuestras historias merecen ocupar un espacio.

Contents

Índice

Origin

It is midnight & Papi is buzzed
onstage, singing of la patria
to men without mothers;
an ocean of cerveza—
swaying, their necks extending like swans.

On an island far away, las tías in white skirts
sit in a circle writing words on plátano leaves.
They walk home when night falls;
a bevy of swans, the leaves strewn by the river.

That night: aloe shook with the wind
its leaves pointing past the window,
a line of nimitas gliding to the river.

Abuela pressed her palms together,
like the flattened wings of nightingales.
The night was paper.
The tea still steaming.

The leaves left by the river:
mi hija, la bodega, tres hijas, una guitarra, se van de la isla—

That summer the marbles on Abuela's floor rolled north.
The swan circled the lake eleven times—one time for each lighthouse
guiding mariners to the coast of New Jersey.

Mami with a mouth like a lighthouse
sat on a rock & opened her mouth to sing
her song filled with pebbles and lilies.

Origen

Es medianoche y Papi, un tanto ebrio,
en el escenario, entona canciones a la patria
ante hombres sin madres;
un océano de cervezas
se balancea, sus cuellos se alargan como cisnes.

En una isla lejana, las tías en faldas blancas
se sientan en círculo, escribiendo palabras en hojas de plátano.
Caminan a casa al caer la noche;
una bandada de cisnes, las hojas esparcidas junto al río.

Esa noche: la sabila se sacudía con el viento,
sus hojas señalando más allá de la ventana,
una línea de luciérnagas deslizándose hacia el río.

Abuela juntó las palmas de sus manos,
como las alas aplanadas de los ruiseñores.
La noche era papel.
El té aún humeaba.

Las hojas dejadas junto al río:
mi hija, la bodega, tres hijas, una guitarra, se van de la isla.

Ese verano, las canicas en el suelo de Abuela rodaron hacia el norte.
El cisne rodeó el lago once veces —una por cada faro
que guía a los marineros hacia la costa de Nueva Jersey.

Mami, con la boca como un faro,
se sentó sobre una roca y la abrió para cantar
su canción llena de lirios y piedrecitas.

I was born in the middle of an ocean—
Mami with a lungful of winter & an aloe plant beside her.

I was born from the womb of a guitar
in a bar where the lights flicker—
the fingerpicked morse code of my ancestors.

I come from a prophecy left on leaves
& a line of fireflies out the window.

I come from a house that everyone has left—
the tea still steaming, waiting for us
to return.

I come from an island
& I do not come from an island.

I come from a long line of women.
I come from a long line of swans—the necks of cervezas,
the bar after dark, the men like nightingales—

I come from a long line of men with no motherland.

Nací en medio de un océano;
Mami con los pulmones llenos de invierno y una planta de sábila su lado.

Nací del vientre de una guitarra
en un bar donde las luces parpadean
el morse pulsado por mis antepasados.

Vengo de una profecía escrita en hojas
y de una línea de luciérnagas más allá de la ventana.

Vengo de una casa que todos han dejado;
el té aún humea, esperando
nuestro regreso.

Vengo de una isla
y no vengo de una isla.

Vengo de una larga línea de mujeres.
Vengo de una larga línea de cisnes;
los cuellos de las cervezas,
el bar al anochecer,
los hombres como ruiseñores.

Vengo de una larga línea de hombres sin matria.

Elizabeth, New Jersey

They come in swells: flutterings
of eyelashes like night moths
Ikea blue and yellow block letters,
gauzy clouds over the sky like charcoal tulle,
factories, factories, factories, and smoke;

Inside she steeps her fingernails in corn
making humitas for the morning crowd,
the ones who live here but not here,
where smoke and fog stick to their skin
like crushed velvet, dreaming of a place
where the trees extend further than the factories,
whose first generation children
are raised to speak Spanish
and not speak Spanish,
to forget and to remember,
taught not to leave a trace of their past—

He works in a factory that manufactures Ecuadorian food,
dos por un peso, empanadas de guanabana in plastic containers;
my grandmother swims in the community pool
carrying the andes rivers on the spider veins of her legs;
the man with the white guayabera, pressed as if
the tautness of the fabric can prevent
la memoria de su tierra linda from wrinkling,
walks into Quito Viejo and plays pasillo every day,
singing to the ones that hum softly
like fog rising en los Andes,
picking tremolo on his guitar,
staccato notes falling sharply
the way rain falls in the Amazon
remembers sitting at his father's calloused feet
listening to him playing the malagueña—

they close their eyes and begin again and again and

Elizabeth, Nueva Jersey

Llegan en oleadas: aleteos
de pestañas como polillas nocturnas
letras de bloque en Ikea azul y amarillo,
nubes tenues sobre el cielo como tul de carbón,
fábricas, fábricas, fábricas, y humo;

Adentro, ella sumerge las uñas en maíz
mientras prepara humitas para la multitud matutina,
esa gente que vive aquí pero no aquí,
donde humo y neblina se adhieren a su piel
como terciopelo arrugado, soñando con un lugar
donde los árboles se extienden más allá de las fábricas
cuyos hijos de primera generación
se crian para hablar español
y no hablar español
para olvidar y recordar,
educados para no dejar rastro de su pasado.

Él trabaja en una fábrica que produce comida ecuatoriana,
dos por un peso, empanadas de guanábana en recipientes de plástico;
mi abuela nada en la piscina comunitaria
llevando los ríos andinos en las venas de araña de sus piernas;
el hombre de la guayabera blanca, planchada como si
la tensión de la tela pudiera impedir
que la memoria de su linda tierra se arrugue,
entra a Quito Viejo y toca pasillo todos los días,
cantándole a quienes tararean en voz baja
como la niebla que se eleva en los Andes,
punteando un trémolo en su guitarra,
notas entrecortadas que caen bruscamente
como cae la lluvia en la Amazonía
y recuerda haberse sentado a los pies encallecidos de su padre
escuchándolo tocar la malagueña;

cierran los ojos y comienzan de nuevo una y otra vez, y...

Este Poema

after John Ashbery

This poem is concerned with who is here
but it is in English, so are you here?
You hear it and it speaks to you.
Speaks at you. But this poem
wants you to come in, uninvited
at any hour of the day con seis primos y los viejitos
and a plan to stay indefinitely, because that's how we do it.

Con unos plátanos, un sancochito;
este poema tiene hambre because
they don't feed it enough here.
Because that's what this poem heard from abuelita—
Come más, otro plato—este poema es
una mesa, un jardín de rosas, hermosas
Quiere comer y bailar contigo.

This poem doesn't know the rules of code-switching
this poem says ven pa' ca
and there's a chair for you
and this poem is your table.

Speak. You are its voice.

This Poem

después de John Ashbery

Este poema se ocupa de quién está aquí
pero está en Spanish, ¿así que estás aquí?
Lo escuchas y te habla.
Te habla. Pero este poema
quiere que entres, sin invitación,
a cualquier hora del día, with six cousins and the old folks
y un plan para quedarse indefinidamente, porque así es cómo lo hacemos.

Con unos plantains, un beef stew;
este poema tiene hambre, porque
aquí no lo alimentan lo suficiente.
Porque eso es lo que este poema escuchó de grandma
Eat more, one more plate; este poema is
a table, a garden of roses, beautiful.
It wants to eat and dance with you.

Este poema no conoce las reglas del code-switching;
este poema dice come here
y hay una silla para ti,
y este poema es tu mesa.

Habla. Tú eres su voz.

Como Una Vela

in collaboration with artist Meghan Keane

The Caribbean licks at my back like the flame of a candle—
here, *se fue la luz* is a lullaby that I hear on blue nights
when Newark sleeps and diaspora wakes—

it's a ritual: combing out the curls until they become cloud,
removing each rolo like a vela—
this one for Tía Linda, that one for Tía Chila
the rolling a bendición:

que te vaya bien
que siempre tengas dinero
que tus hijos alcancen sus sueños
que tu alcances tus sueños

my hand is a current
rolling hair over barrel
a wave of plastic and velcro
calling to an island I remember in dreams

to go out like this is to go out with the ancestors.
to go out with the ancestors is to go out like a candle—
yellow-blue, glowing, rolling out to any shore.

Como una vela

colaboración con la artista Meghan Keane

El Caribe lame mi espalda como la llama de una vela;
aquí, *se fue la luz* es una canción de cuna que escucho en noches azules
cuando Newark duerme y la diáspora despierta.

Es un ritual: desenredar los rizos hasta volverlos nube,
remover cada rolo como si fuera una vela:
este para la Tía Linda, aquel para la Tía Chila
el enrollar es una bendición:

que te vaya bien
que siempre tengas dinero
que tus hijos alcancen sus sueños
que tú alcances tus sueños

mi mano es una corriente
enrollando el cabello sobre el tubo
una ola de plástico y velcro
que llama a una isla que recuerdo en sueños

andar así es salir con los antepasados
andar con los antepasados es irse como una vela:
amarillo-azul, brillante, rodando hacia cualquier orilla.

Dominican Republic in Hex Codes

after Nina Mingya Powles

#C0C0C0
the scales of a wahoo   swallowed   like moons in my belly
gleaming like a güira   the sound scratching metallic   like rain on a tin roof
we catch it with spoons   tarnished buckets   dripping like coins
the rain our greatest currency   inside the teapot whistles   like the gap
between my teeth   I am ferrous   I light the candlesticks   for the impending apagon

#EB3324
to the merengue   we dance   our hips unfurling like petals
making waves   red and tender   our bodies whirling
like tops weaving in and out   the trumpet blushes over our ears
each note blossoming   a bundle of coralillo
our cheeks flushed   like a bundle of cherries
shuffling to keep up the dance   and behind   the sunset   aflame

#FFDAA0
Citrus floats in the air   coloring the room   a grove of oranges   we pick
the dreams we want   a life en los Estados Unidos   new shoes   a home
where the lights won't flicker out   where our dreams can blossom   like
the flamboyán tree outside   fiery and orange   we peel the oranges with our hands
pieces of rind getting under our nails   embedding the smell of orange into our fingers
where it will remain like a postcard   back to the Dominican Republic

República Dominicana en códigos hexadecimales

después de Nina Mingya Powles

#C0C0C0
las escamas de una barracuda tragadas   como lunas en mi vientre
brillan como una güira el sonido rasga metálico   como lluvia sobre un techo de zinc
lo atrapamos con cucharas   cubetas oxidadas   goteando como monedas
la lluvia, nuestra mayor moneda   dentro de la tetera un silbido como el espacio
entre mis dientes   soy ferrosa   enciendo los candelabros   para el apagón inminente

#EB3324
al ritmo del merengue   bailamos   nuestras caderas se despliegan como pétalos
haciendo olas   rojas y tiernas   nuestros cuerpos giran
como trompos entrelazándose   la trompeta ruboriza nuestros oídos
cada nota floreciendo   un ramo de coralillo
las mejillas encendidas   como un racimo de cerezas
zapateamos con fuerza para seguir el ritmo   y detrás   el atardecer   en llamas

#FFDAA0
El cítrico flota en el aire   tiñendo el cuarto   un huerto de naranjas   escogemos
los sueños que queremos   una vida en los Estados Unidos   zapatos nuevos   un hogar
donde las luces no parpadeen   donde los sueños puedan florecer   como
el flamboyán afuera   ardiente y naranja   pelamos las naranjas con las manos
trozos de cáscara se nos meten bajo las uñas   impregnando su olor en nuestros dedos
donde permanecerá como una postal   de regreso a la República Dominicana.

Prayer in Tres Golpes

a bowl of plastic fruits   dusty and glazed
the couches slick and sticky   coated in plastic
we peel our thighs off them   heading for the kitchen
the fans overhead   a series of slicing knives
cutting the ceiling   papaya   a sunset blooming
on the counter the plátanos are being sliced
            the peels curling like snakes
onion slivers shine   all moonlight and eclipse
the eggs slide into the pan   the yolk rising like bread
we slice the cheese like dominos before frying
              place the salami next
the oil spatters up around us   dancing to the merengue
above us the rain pings on the tin roof   a prayer answered—

Dear You, may you bless this food   the hands that made it
the bodies that will digest it   may you remind us
that every body is an ocean   a mouth
opening to the island   calling   in hunger.

Oración en tres golpes

un tazón de frutas de plástico   polvorientas y barnizadas
los sofás resbaladizos y pegajosos   recubiertos de plástico
despegamos de ellos los muslos   rumbo a la cocina
los ventiladores arriba   una serie de cuchillos afilados
cortando el techo   papaya   un atardecer brotando
en la encimera   los plátanos se rebanan
              [las cáscaras se enroscan como serpientes
las rodajas de cebolla resplandecen   toda luz de luna y eclipse
los huevos resbalan en el sartén   la yema crece como el pan
cortamos el queso como fichas de dominó antes de freírlo
              [después colocamos el salami
el aceite chisporrotea a nuestro alrededor bailando al ritmo de merengue
sobre nosotras la lluvia repica en el techo de zinc   una oración atendida:

Querido Tú, bendice estos alimentos   las manos que los hicieron
los cuerpos que los van a digerir que nos recuerdes
que cada cuerpo es un océano   una boca
abriéndose a la isla   llamando   con hambre.

Manso

It's not there anymore—
the bodega and its cans of tuna spiraled open
that sang like eggs being cracked;
the bags of chips crunching like palm fronds,
rows and rows of jabón bright like party streamers,
the phone cards thin and glistening like gambling chips

and Manso—

Manso—who stole a winter jacket
for my sister and I
from the fluorescent aisles at Sears;
who helped my father lift boxes to the bodega,
and gifted us a stolen TV—
his smile bright like the channels changing.

Manso who sat on the stoop of the bodega
those night shifts when Mami and Abuelita worked alone
our Caribbean god, the dealer that no one would mess with
no bulletproof glass or padlocked register kept us safe
                                        like Manso.

In every story of those first years in the states—
the winter days like blue lynxes
and Newark with its sharpened eyes,
Branch Brook Park in the Spring
and the cherry blossoms like telegrams—
he comes to us again

Manso—the ladrón with a lionheart
with hands that gave like honey,

Manso

Ya no está:
la bodega y sus latas de atún abiertas en espiral,
que cantaban como huevos al quebrarse;
las bolsas de papas crujientes como hojas de palma,
filas y filas de jabón brillantes como serpentinas de fiesta,
las tarjetas telefónicas tan finas y relucientes como fichas de casino.

Y Manso:

Manso, quien robó un abrigo de invierno
para mi hermana y para mí
de los pasillos fluorescentes de Sears,
que ayudó a mi padre a cargar cajas hasta la bodega,
y nos regaló un televisor robado.
Su sonrisa encendida como los canales al ir cambiando.

Manso, quien se sentaba en la entrada de la bodega
en esos turnos nocturnos en que Mami y Abuelita trabajaban solas,
nuestro dios caribeño, el dealer con quien nadie se metía.
Ni el vidrio blindado ni la caja registradora con candado nos protegían tanto
[como Manso.
 En cada historia de esos primeros años en los Estados
(los días de invierno como linces azules,
y Newark con su mirada afilada,
Branch Brook Park en primavera
y los cerezos en flor como telegramas)
él vuelve a nosotros.

Manso, el ladrón con corazón de león,
con manos que entregaban como la miel,

a saint of hungering,
betrayed by the American system
who taught my parents a love
they never saw in their own countries.

They held a photograph of his voice
deep in their pockets long after he died,
his face silvering, vanishing
a coin of good luck being tossed in a fountain,
a salmon swimming up the river.

un santo del hambre,
traicionado por el sistema americano,
quién enseñó a mis padres un amor
que nunca vieron en sus propios países.

Guardaron una fotografía de su voz
en el fondo de sus bolsillos, mucho después de su muerte,
su rostro plateándose, desvaneciéndose,
una moneda de la suerte lanzada a una fuente,
un salmón nadando contra la corriente.

Here, on This 76L

at the corner of Belgrove & Woodland,
women like Mami and Abuelita get on—
fumbling change, child in hand.

Their heads: a garden of plastic rolos
yellow, red, green, the curls waiting to sprout.
The garden: good luck, & each rolo: a wish—

Pa' que no se vaya la luz
Pa' que llueva café en el campo
Pa' que mis hijos tengan lo que no tuve yo
Pa' que siempre haya comida y familia

We pass the fish market with the white letters,
thin & outstretched like the spine of bacalao.

Next stop: American Steel Strip, 900 Passaic Ave—
the factory where Betty worked making pencils,
those first years in the states. The vines
climb up the sides of the browned building.

On Broad Street & 8th, you can still buy calling cards.

Next stop & more climb on:
a little girl with trenzas down her back & a purple romper,
Mami's hand in one hand, a muñeca in the other.

Every morning, the congregation on the bus speaks.

Y de donde eres?

Aquí, en esta 76L

en la esquina de Belgrove y Woodland,
mujeres como Mami y Abuelita suben,
tanteando el cambio, con un niño de la mano.

Sus cabezas: un jardín de rolos de plástico,
amarillos, rojos, verdes, los rizos esperando brotar.
El jardín: buena suerte, y cada rolo: un deseo.

Pa' que no se vaya la luz,
pa' que llueva café en el campo,
pa' que mis hijos tengan lo que no tuve yo,
pa' que siempre haya comida y familia.

Pasamos a la pescadería con letras blancas,
delgadas y alargadas como la espina del bacalao.

Próxima parada: American Steel Strip, 900 Passaic Ave;
la fábrica donde Betty trabajó haciendo lápices
en esos primeros años en los Estados. Las enredaderas
trepan por los costados del edificio desgastado.

En Broad Street y la 8th, todavía puedes comprar tarjetas telefónicas.

Próxima parada, y abordan más:
una niña con trenzas hasta las caderas y un enterizo morado,
la mano de Mami en una mano, una muñeca en la otra.

Cada mañana, la congregación en el bus habla.

¿Y de dónde eres?

Soy Dominicana   but they say I don't sound it
Soy Ecuatoriana   but they say I don't sound it

Mixed Ma's Spanish with Pa's Spanish   & the needle on my tongue skips

I've never been back home   but I know the sound of home
It's been years since I've been back   but I'm saving to go home

Trabajo en la bodega   en la escuela   I'm working on my career

At the salon   law school   cytology,
                                                    homeless shelter—

This bus is just another stop   on the way—

I get on the bus y me dicen
Que dios te bendiga

& I don't know about Dios or if the church would want me but

Que dios te bendiga & I'm at the bodega below Abuelita's house,
& we got all the good plátanos today and the culebritas for free y

Que dios te bendiga and Ma finished up her degree   y

Que dios te bendiga & I can see that they see me
y me invitan a comer habichuela con dulce   y

Que dios te bendiga
& Juan Luis Guerra is singing & it's a backyard party
& there's enough Presidentes to go around   y

Que dios te bendiga   & we won the lotería
& the rain finally came
& the guava trees are in full bloom
& we make it to the last stop home.

Soy Dominicana   pero dicen que no lo parezco.
Soy Ecuatoriana   pero dicen que no lo parezco.

Mezclé el español de Ma con el español de Pa   y la aguja en mi lengua salta.

Nunca he vuelto a casa,   *pero conozco el sonido de casa.*
Hace años que no regreso,   *pero estoy ahorrando para ir.*

Trabajo en la bodega,   *en la escuela;*   *estoy construyendo mi carrera.*

En el salón de belleza,   *en la facultad de derecho,*   *en citología,*
                         [en el refugio para personas sin hogar.

Este bus es solo otra parada   *en el camino.*

Subo al bus y me dicen:
Que Dios te bendiga.

Y no sé de Dios y tampoco si la iglesia me aceptaría pero:

Que Dios te bendiga y estoy en la bodega debajo de la casa de Abuelita,
y hoy llegaron los buenos plátanos y las culebritas gratis   y

Que Dios te bendiga y Ma terminó su carrera   y

Que Dios te bendiga y veo que me ven
y me invitan a comer habichuela con dulce   y

Que Dios te bendiga
y Juan Luis Guerra está cantando y es una fiesta en el patio
y hay suficientes Presidentes para todos   y

Que Dios te bendiga y ganamos la lotería
y finalmente llegó la lluvia
y los guayabos están floreciendo
y llegamos a casa; la última parada.

Acknowledgments

Many thanks to the editors of the following journals and anthologies in which these poems appeared, sometimes in earlier versions.

Até Mais: Latinx Futurisms (Deep Vellum Publishing, 2024): "Here, on This 76L Bus"

Best Indie Lit New England: Vol. 2 (Black Key Press, 2015): "Elizabeth, New Jersey"

Broadsided Press: "Como Una Vela"

CSA Art Share: "Este Poema" and "Manso"

Maps for Teeth: "Elizabeth, New Jersey"

No Tender Fences: An Anthology of Immigrant and First-Generation American Poetry: "Origin"

Winter Tangerine Review: "Origin"

Thank you to my parents, Deyanira and Darwin Moncayo, for always encouraging me to build new worlds and create with whatever I could get my hands on. You are the best storytellers I know, and your love is the reason I am alive today.

Thanks to my siblings Stephanie and Giselle for always being 100% behind any wild dreams I have and for being the greatest support I could ask for. Special thank you to Betty, Ramiro, Frans, & Nicky for always believing in me. Thank you to the Castro family, and Lenin, Nico, Dani, Sofia, and Magy. Mil gracias a Abuelita, Mamina, Tia Chila, and Tia Linda por el amor y apoyo. Thank you to Villy & Hasael for always supporting me. Thank you to Tomy, Joann, and Sarah for always being so loving, fun, and supportive. Thank you to Jeff for being behind me in this journey. A los Moncayos en Ecuador: les amo muchisimo; gracias por apoyarme siempre y por los viajes en Ecuador. A Karen, Gustavo, Jhoel, y Carolina: gracias por todo el amor que me han dado.

Thank you to Sarah and the Kammers family for always giving me the biggest love and getting me through some of my darkest times. Thank you to Christina and the Galarza family for supporting me and always believing in me as an artist and person. Thank you to Oliver and the Stringham family

Agradecimientos

Muchas gracias a los editores de las siguientes revistas y antologías en las que han aparecido estos poemas, a veces en versiones anteriores.

Até Mais: Latinx Futurisms (Deep Vellum Publishing, 2024): "Here, on This 76L Bus"
Best Indie Lit New England: Vol. 2 (Black Key Press, 2015): "Elizabeth, New Jersey"
Broadsided Press: "Como Una Vela"
CSA Art Share: "Este Poema" and "Manso"
Maps for Teeth: "Elizabeth, New Jersey"
No Tender Fences: An Anthology of Immigrant and First-Generation American Poetry: "Origin"
Winter Tangerine Review: "Origin"

Gracias a mis padres, Deyanira y Darwin Moncayo, por alentarme siempre a construir nuevos mundos y a crear con lo que tuviera a mi alcance. Son los mejores narradores que conozco, y su amor es la razón por la que estoy viva hoy.

Gracias a mis hermanas, Stephanie y Giselle, por apoyar sin reservas cada uno de mis sueños más locos y ser el mayor apoyo que podría pedir. Un agradecimiento especial a Betty, Ramiro, Frans y Nicky por creer en mí siempre. Gracias a la familia Castro y a Lenin, Nico, Dani, Sofía y Magy. Mil gracias a Abuelita, Mamina, Tía Chila y Tía Linda por su amor y apoyo. Gracias a Villy y Hasael por su constante apoyo. Gracias a Tomy, Joann y Sarah por su cariño, alegría y compañía incondicional. Gracias a Jeff por acompañarme en este camino. A los Moncayo en Ecuador, los amo muchísimo; gracias por apoyarme siempre y por los viajes en Ecuador. A Karen, Gustavo, Jhoel y Carolina, gracias por todo el amor que me han dado.

Gracias a Sarah y la familia Kammers por darme tanto amor y por sostenerme en mis momentos más oscuros. Gracias a Christina y la familia Galarza por apoyarme y creer en mí como artista y como persona. Gracias a Oliver y la familia Stringham por alentarme a lo largo de los años. Con todo mi cariño a Denisa, Beata y Milos por darme tanto amor en esta vida. Gracias

for always cheering me on through the years. Big love to Denisa, Beata, and Milos for giving me so much love in this life. Thank you to my oldest and best, Brittany Eckert for loving me since we were kids. Thank you to Joe Taglieri for your big and beautiful love.

Thank you to Cristina Sancho, Rania Saleh, Nathalie Almonte, rebecca brown, Tomas Nieto, Sara Borjas, Malcolm Friend, Yoshie Sakai, Pamela L. Taylor, Kenny Nguyen, Amanda Galvan-Huynh, Yesenia Montilla, Marcus Smalls, Maria Fernanda, Dimitri Reyes, Sun Young Kang, Jeff Wray, Olivia Clement, Sara Pasternak, Dr. Z, my SPACE at Ryder Farm family, CantoMundo family, and Vermont Studio Center family.

Thank you to my beautiful Randolph MFA family – Gary Dop, Chris Gaumer, and Evan Mallon for creating the most welcoming, creative, and wonderful writing space. Thank you to Dom Blanco, Mary Walsh, Joanell Sera, Melissa Ferrer-Civil, Tovah Strong, Kacie Webster, Meghan Kelley, Vanessa Micale, Maria Provenzano, Jeni Prater, Erica Abbott, Mordecai Martin, Kaitlin Carpenter, Cameron Cueva Clarke & Mylo Lam for being the greatest readers and supporters on this journey. Thank you to my incredible mentors Eloisa Amezcua, Kaveh Akbar, Anthony Cody, and Angel Nafis for guiding me, supporting me, and teaching me about both writing and life. I am forever grateful for you.

Thank you to CantoMundo, SPACE at Ryder Farm, Vermont Studio Center, Sundress Academy for the Arts, VONA Voices of Our Nation, and Rutgers University for teaching and supporting me as a writer and person. Special thanks to Willie Perdomo, Mark Doty, Susan Miller, Evie Shockley, and Alfredo Franco for encouraging me to pursue writing.

Immense gratitude to David Starkey, & Chryss Yost at Gunpowder Press for trusting in my book and putting this book together for me. It has been invaluable to have your support. Thank you to Richard Blanco for believing in and understanding my work. Deepest thank yous to the Alta California Chapbook team: Alexandra Lytton Regalado (translator), Josué Andrés Moz (Spanish style editor), & Emma Trelles (series editor). It was an honor to work with you. Thank you for making me feel at home (in my words, and in Spanish). I am grateful for your hard work.

a mi amiga de toda la vida, Brittany Eckert, por quererme desde que éramos niñas. Gracias a Joe Taglieri por su amor inmenso y hermoso.

Gracias a Cristina Sancho, Rania Saleh, Nathalie Almonte, Rebecca Brown, Tomás Nieto, Sara Borjas, Malcolm Friend, Yoshie Sakai, Pamela L. Taylor, Kenny Nguyen, Amanda Galván-Huynh, Yesenia Montilla, Marcus Smalls, María Fernanda, Dimitri Reyes, Sun Young Kang, Jeff Wray, Olivia Clement, Sara Pasternak, Dr. Z, mi familia de SPACE at Ryder Farm, y mis familias de CantoMundo y Vermont Studio Center.

Gracias a mi hermosa familia de Randolph MFA – Gary Dop, Chris Gaumer y Evan Mallon por crear un espacio de escritura tan acogedor, creativo y maravilloso. Gracias a Dom Blanco, Mary Walsh, Joanell Sera, Melissa Ferrer-Civil, Tovah Strong, Kacie Webster, Meghan Kelley, Vanessa Micale, María Provenzano, Jeni Prater, Erica Abbott, Mordecai Martin, Kaitlin Carpenter, Cameron Cueva Clarke y Mylo Lam por ser los mejores lectores y compañeros en este viaje. Gracias a mis increíbles mentores Eloisa Amezcua, Kaveh Akbar, Anthony Cody y Angel Nafis por guiarme, apoyarme y enseñarme tanto sobre la escritura y la vida. Les estaré eternamente agradecida.

Gracias a CantoMundo, SPACE at Ryder Farm, Vermont Studio Center, Sundress Academy for the Arts, VONA Voices of Our Nation y Rutgers University, por su enseñanza y apoyo en mi desarrollo como escritora y persona. Un agradecimiento especial a Willie Perdomo, Mark Doty, Susan Miller, Evie Shockley y Alfredo Franco por alentarme a perseguir la escritura.

Mi profunda gratitud a David Starkey y Chryss Yost de Gunpowder Press por confiar en mi libro y hacerlo realidad. Su apoyo ha sido invaluable. Gracias a Richard Blanco por creer en mi trabajo y comprenderlo. Un agradecimiento muy especial al equipo de Alta California Chapbook: Alexandra Lytton Regalado (traductora), Josué Andrés Moz (editor de estilo en español) y Emma Trelles (editora de la serie). Fue un honor trabajar con ustedes. Gracias por hacerme sentir en casa (en mis palabras y en el español). Estoy muy agradecida por su dedicación.

About the Poet

Michelle Moncayo is a Dominican/Ecuadorian poet in New Jersey. Her work explores diaspora, queer identity, and mental/physical illness. She graduated with her MFA from Randolph College in 2024. She received a 2020 Fellowship from the New Jersey State Council on the Arts. She has received fellowships from SPACE at Ryder Farm, Vermont Studio Center, Sundress Academy for the Arts, CantoMundo, and VONA. Her poetry has appeared in *Até Mais: An Anthology of Latinx Futurisms*, *Broadsided Press*, *No Tender Fences: An Anthology of Immigrant & First-Generation American Poetry*, *Palette Poetry*, and *Ninth Letter*.

About the Translations

Translations by Alexandra Lytton Regalado, with Spanish style editing by Josué Andrés Moz and series editor Emma Trelles.

Traducciones de Alexandra Lytton Regalado, con corrección de estilo en español de Josué Andrés Moz y editora de la serie Emma Trelles.